AF295635

Galerie des Notabilités de la France.

conserver la Couverture

NOTICE NÉCROLOGIQUE

SUR

JEAN-DANIEL COUDEIN

CAPITAINE DE VAISSEAU EN RETRAITE,
ANCIEN MAJOR-GÉNÉRAL AU PORT DE ROCHEFORT,
OFFICIER DE LA LÉGION D'HONNEUR,

**Mort à La Tremblade, arrondissement de Marennes,
le 16 octobre 1857;**

PAR

E. DE SAINT-MAURICE CABANY

Directeur-général de la Société Impériale des Archivistes de France,
Premier vice-président général de l'Académie universelle
des Arts et Manufactures de Paris,
Directeur-rédacteur en chef du *Nécrologe universel du XIXᵉ Siècle*,
Directeur-rédacteur en chef des *Archives générales de la Noblesse*,
Membre d'un grand nombre d'Académies et de Sociétés savantes,
artistiques et littéraires de la France et de l'Étranger, etc., etc.

EXTRAIT DU NÉCROLOGE UNIVERSEL DU XIXᵉ SIÈCLE

Annales nécrologiques et biographiques
et Éloges funèbres des Notabilités contemporaines de la France et de l'Étranger.
Administration du Musée biographique et des Archives générales de la Noblesse
E. DE SAINT-MAURICE CABANY, DIRECTEUR-RÉDACTEUR EN CHEF,
Rue Fontaine-Saint-Georges, 25, à Paris.
1858.

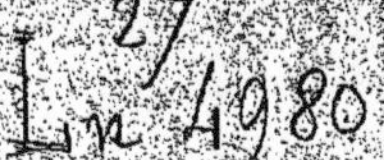

NOTICE NÉCROLOGIQUE

SUR

JEAN-DANIEL COUDEIN,

CAPITAINE DE VAISSEAU EN RETRAITE,
ANCIEN MAJOR-GÉNÉRAL AU PORT DE ROCHEFORT,
OFFICIER DE LA LÉGION D'HONNEUR;

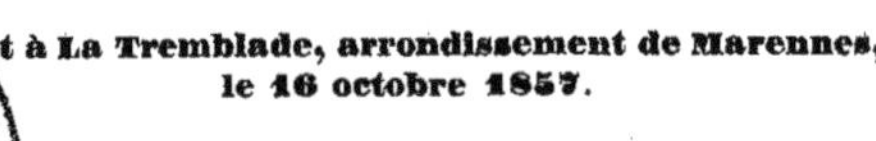

Mort à La Tremblade, arrondissement de Marennes,
le 16 octobre 1857.

LA mort vient encore d'enlever un officier distingué, un des hommes les plus honorables de la Marine française et l'avant-dernier survivant du radeau de la frégate la *Méduse*, sur lequel il avait figuré comme un des principaux acteurs. C'est un devoir pour nous de consacrer quelques pages à la mémoire du commandant COUDEIN.

Né à La Tremblade, le 3 novembre 1793, Jean-Daniel Coudein s'embarqua comme mousse, en 1803, à l'âge de dix années à peine révolues. Aspirant de deuxième classe en 1809, il devint aspirant de première classe en 1810. En 1810 et 1811, il naviguasur les vaisseaux le *Dalmate* et le *Friedland*; en 1813 et 1814, sur les frégates l'*Ems* et la *Flore*; enfin, en 1816, il passa sur la frégate la *Méduse*, de douloureuse mémoire, après avoir conquis de glorieux états de service.

A cette époque, en vertu des traités de Vienne, il s'agissait, pour la France, de rentrer dans ses possessions de la côte d'Afrique, que les Anglais occupaient depuis 1808. Le gouvernement de la Restauration avait organisé, à Rochefort, une expédition destinée à transporter les forces nécessaires. Elle se composait de trois cent soixante-cinq individus, embarqués sur la frégate la *Méduse,* la corvette l'*Echo*, la flûte la *Loire* et le brick l'*Argus*. Le commandement de cette escadrille, à bord de laquelle ce monde avait été distribué, avait été confié à M. le capitaine de frégate de Chaumareys.

Cet officier, enlevé brusquement à la carrière maritime par la révolution de 1789, avait accompli son temps de service dans des occupations complétement étrangères à son ancien état. Rentré d'émigration à la suite des Bourbons et ayant, depuis longtemps, oublié l'art de la navigation, il était l'homme du monde le moins propre à exercer un commandement.

C'était pourtant à lui que venait d'écheoir la tâche de conduire à destination les quatre bâtiments armés pour le Sénégal. C'était à lui qu'était réservé la triste infortune de devenir l'auteur du drame le plus poignant qu'ait vu le commencement du dix-neuvième siècle, si fertile pourtant en tragédies émouvantes, en terribles catastrophes.

Ce fut le 17 juin 1816, à sept heures du matin, que l'expédition partit de la rade de l'île d'Aix. Le 28, elle longeait la côte de Madère, et, le lendemain, mouillait devant Sainte-Croix, principale ville de l'île de Ténériffe. Le 1er juillet, les bâtiments, naviguant de conserve, passaient la ligne, et l'équipage de la *Méduse* se garda d'oublier l'accomplissement des burlesques cérémonies du baptême tropical. Tandis que M. de Chaumareys, doué d'une bonhomie sans égale, présidait aux jeux des matelots avec une sécurité causée par sa fatale ignorance, le vaisseau, condamné par le sort, s'engageait de plus en plus dans le dangereux golfe de Saint-Cyprien.

Dans la nuit, la corvette l'*Écho*, s'apercevant que la frégate ne paraissait tenir aucun compte du voisinage probable d'un danger, bien connu pourtant des officiers qui ont fréquenté ces parages, fit à la *Méduse* de nombreux signaux auxquels le commandant ne répondit qu'à peine, et, le lendemain matin, à six heures, sur l'ordre de M. de Chaumareys, la frégate changea sa route, mais pour en suivre une nouvelle qui la dirigeait directement sur le banc d'Arguin.

A midi, M. Maudet, enseigne de quart, fit son point, et, prévoyant le malheur qui allait fondre sur le navire, accourut auprès d'un ex-officier auxiliaire, nommé Richefort, dont le commandant suivait tous les avis, et s'empressa de lui faire part de ses craintes. « Bah ! nous sommes dans les cent brasses ; » telle fut la réponse. Quelques précautions furent cependant prises ; on jetait de temps en temps la sonde, qui, tout à coup, n'accusa que dix-huit brasses, et, bientôt après, six brasses seulement.

Une volonté prompte et énergique eût pu, encore à ce moment, détourner le péril ; mais M. de Chaumareys perdit complétement la tête, et la malheureuse frégate talonna et s'échoua dans un endroit où la pleine mer ne donnait pas même six mètres de profondeur.

C'était le 2 juillet 1816, à trois heures un quart de l'après-midi. Pendant les journées du 3 et du 4, l'équipage fit de vaines tentatives pour relever le navire et prépara des moyens de sauvetage, dont le principal fut la construction d'un vaste radeau, destiné à recevoir le plus grand nombre des naufragés.

Tous ces efforts, dirigés sans fermeté, par l'incurie

du chef qui avait causé le mal , furent exécutés sans
ordre. Le 5, dans la matinée, on s'aperçut que l'eau
pénétrait jusque dans l'entrepont et un abandon im-
médiat fut jugé indispensable.

Pour quitter le vaisseau , l'équipage n'avait à sa
disposition que cinq embarcations et le radeau. Cent
quarante-sept personnes s'entassèrent sur ce dernier;
dix-sept préférèrent demeurer à bord de la frégate
et deux cent trente-six trouvèrent place dans les
quatre canots. Ce fut un spectacle navrant que de
voir cette multitude épouvantée se précipiter pêle-
mêle et en désordre sur les seuls moyens de salut res-
tés à sa disposition.

Il avait été convenu que le radeau, naturellement
incapable de se diriger, serait remorqué par les autres embarcations réunies en colonne, et on espérait
gagner ainsi la terre, qu'on estimait n'être guère
éloignée que de douze à quinze lieues. Trois canots,
en effet, s'attelèrent tout d'abord à la machine et
l'entraînèrent au large. Déjà on se trouvait à deux
lieues de la frégate échouée, et on attendait que la
chaloupe et le dernier canot eussent rejoint le petit
convoi, quand survint un événement dont on essaya
plus tard d'accuser la fatalité , mais qu'on s'accorde
généralement à penser être un grand crime. Le radeau embarrassant la marche des embarcations,

quelques-uns des naufragés qui avaient trouvé place sur ces dernières, eurent l'infamie de couper le câble remorqueur qui entraînait la machine à leur suite, et cent cinquante infortunés furent ainsi abandonnés, en pleine mer, par leurs compatriotes. Ainsi allégés, les canots ne tardèrent pas à toucher la côte voisine , d'où les naufragés, après une marche longue et pénible, purent presque tous gagner Saint-Louis.

Le radeau errait donc désormais à l'aventure sur l'Océan. Quand les malheureux qui le montaient virent que leurs compagnons s'éloignaient sans se soucier d'eux , il sortit de ces cent cinquante poitrines un cri de rage et de détresse qui se perdit dans l'immensité.

Vingt mètres de longueur sur sept de largeur, telle était la grandeur de cette construction, dont le milieu seul était habitable. Quoiqu'elle fut faite de poutres et de planches assemblées, etd'ailleurs solidement construite, les naufragés étaient pressés les uns contre les autres et leur poids accumulé la faisait enfoncer de plus d'un mètre. Personne ne pouvait remuer par crainte de compromettre le salut commun; on avait parfois de l'eau jusqu'à la ceinture. Le tout formait une masse d'où s'échappaient des sons confus et inarticulés.

Daniel Coudein, alors âgé de 23 ans, avait, en sa

qualité d'aspirant de première classe, reçu le commandement du radeau. Grièvement blessé à la jambe droite, il eût pu se faire relever de ce poste dangereux dont la responsabilité était si grande. Un de ses camarades s'offrit pour le remplacer ; il refusa noblement, donnant ainsi l'exemple d'une fermeté qui avait manqué si complétement au commandant en chef.

Les provisions déposées sur la machine, consistaient seulement en vingt-cinq livres de biscuit trempé d'eau de mer, six barriques de vin et deux petites pièces à eau. Le biscuit avait été consommé dès la première nuit.

Comment retracer l'épouvantable situation de ces hommes voguant sous ce sombre ciel, à la merci d'une mer affreuse, durant cette terrible nuit. Leurs cris se confondaient avec le clapotement des vagues qui retombaient avec fracas sur le radeau. A l'aube du jour, quand ils se comptèrent, une vingtaine d'entre eux avaient disparu.

Pendant la journée du 6, qui fut assez belle, on espéra, à chaque instant, revoir les embarcations ; mais, le soir, rien n'avait paru. On n'en pouvait plus douter, le sort des malheureux était désormais fixé. Se livrant au paroxysme du désespoir, ils poussèrent des cris furieux. Les voiles de la nuit ne tardèrent pas à les envelopper ; des nuages noirs se condensèrent dans le ciel ; le vent commença à souffler, la mer grossit, et d'énormes vagues, déferlant sur le radeau, entraînèrent dans l'abîme des grappes d'infortunés qui se cramponnaient les uns aux autres. Pendant les quelques instants de répit que leur accordèrent les éléments en courroux, plusieurs naufragés, dans l'attente d'une mort imminente, résolurent d'adoucir leur agonie dans l'ivresse, et, après avoir bu jusqu'à en perdre la raison, tentèrent d'activer leur commune destruction en coupant les amarrages qui unissaient entre elles les pièces de la machine. Armé d'une hache d'abordage, un soldat avait déjà commencé de trancher les liens ; la révolte devenait générale.

Il était urgent que l'on avisât. Une vingtaine d'hommes, en tête desquels figuraient l'aspirant Coudein, l'ingénieur Corréard et le chirurgien de marine Savigny, entreprirent de résister à cette horde frénétique et de sauver le radeau. Un coup de sabre abattit le militaire qui coupait les amarrages.

Ce fut le signal d'une lutte acharnée. Armés de sabres et de baïonnettes, les révoltés assaillirent vingt fois le groupe héroïque des officiers ; vingt fois ils furent repoussés et chargés à leur tour. Un certain nombre fut précipité dans les flots. Pendant

un des intervalles de cette effroyable lutte, M. Corréard, aidé du chef d'atelier Lavillette, sauva une
cantinière qui s'était distinguée sur les champs de
bataille de l'Empire, la seule femme qui fût sur le radeau, et qui avait été jetée à l'eau, ainsi que son mari.

A minuit, l'Océan reprit toute sa violence; mais
les mutins, abattus par la fatigue, accordèrent à
leurs adversaires une heure de répit. Ils ne tardèrent pas à se soulever de nouveau, et, alors, la
lutte prit un caractère d'acharnement incroyable.
Gênés sur cet étroit espace, scène rétrécie, sur laquelle se démenaient cent hommes exaspérés par le
désespoir et l'ivresse, les corps presque entièrement
dans l'eau, enveloppés d'une épaisse obscurité, au milieu du sifflement du vent, des vagues qui clapotaient
autour d'eux, ils se ruèrent à la rencontre de leurs
compagnons, se frappant, au hasard, à coups de cou-
teaux, de sabres et de baïonnettes, tombant entre-
lacés l'un dans l'autre, se mordant jusqu'à emporter
d'énormes lambeaux de chair, luttant corps à corps
quand les armes leur échappaient des mains, poussant
d'horribles blasphèmes, perdant l'équilibre et quelques-uns perdant pied sur le bord de la plate-forme
et s'engouffrant ensemble dans les profondeurs de
l'Océan.

Daniel Coudein faillit succomber dans ce carnage.

drame sans nom, dont le radeau de la *Méduse* fut le théâtre dans cette nuit du 6 juillet. Épuisé par ce combat prolongé, auquel sa blessure ne l'avait pas empêché de prendre une part active, il se coucha aux côtés d'un jeune mousse qui lui était tout dévoué. S'étant senti, tout à coup, enlevé et lancé à la mer ainsi que son compagnon, ni sa présence d'esprit, ni sou courage ne l'abandonnèrent, et, soutenant le pauvre enfant qui s'était cramponné à lui, il parvint à regagner le radeau.

La moitié des naufragés fut victime de cette nuit funeste, c'est-à-dire une soixantaine d'hommes. Pour comble de malheur, plusieurs barils d'eau douce avaient été jetés à la mer, et il ne restait plus qu'une barrique de vin pour soutenir les forces d'hommes qui n'avaient pas mangé depuis quarante-huit heures. Leur faim était devenue si pressante, qu'on coupa par tranches et que l'on dévora quelques cadavres demeurés accrochés entre les poutres du radeau. Beaucoup d'entre eux ne purent se résigner à goûter à cette infâme nourriture; presque tous les officiers furent de ce nombre. Voyant que cette chair leur avait rendu des forces, ceux qui s'en étaient repu proposèrent d'en faire sécher pour la rendre un peu supportable au goût. Les autres tentèrent d'avaler des morceaux de baudriers et de gibernes; à peine

réussirent-ils à en faire passer quelques bouchées ;
quelques-uns mangèrent du linge, des cuirs de cha-
peaux ; un matelot tenta même de se sustenter avec
des excréments, mais il n'y put réussir. Les dégoûtés
durent se résigner à boire une plus forte ration de
vin.

Le troisième jour et la nuit qui le suivit, furent
assez calmes. Quoique le radeau fût considérablement
allégé, l'eau montait encore jusqu'aux genoux des
naufragés qui ne pouvaient reposer que debout, ser-
rés les uns contre les autres, pour former une masse
immobile. L'aube de la quatrième journée après le
départ, découvrit dix ou douze nouvelles victimes
étendues inanimées. Un seul des cadavres fut con-
servé pour la nourriture de ceux qui, la veille, ser-
raient encore ses mains défaillantes en lui jurant une
amitié éternelle.

Un événement providentiel signala le soir du quatrième jour. Un banc de poissons volants étant venu
à passer sous le radeau, une certaine quantité de-
meura engagée entre les interstices des madriers. On
en remplit un tonneau et un concert d'actions de
grâces s'éleva vers le ciel pour remercier Dieu de ce
secours inattendu. Une nuit commencée si heureu-
sement devait cependant s'achever dans un nouveau
massacre, car ces hommes, que la mort enveloppait

de toutes parts, ne songeaient qu'à s'entre-tuer, tant les instincts et la férocité sont inhérents à notre chétive nature. On a tout lieu de croire que le parti le plus nombreux avait résolu de jeter les officiers à la mer, afin de se réserver une plus forte part des provisions qui restaient. Daniel Coudein se distingua encore à cette occasion, en sauvant la cantinière que les soldats avaient précipitée, pour la seconde fois, dans les flots.

Réduits à trente blessés ou contusionnés, quand le soleil parut à l'horizon pour la cinquième fois, les naufragés n'avaient plus qu'une douzaine de poissons et du vin pour quatre jours. Ils jurèrent de punir de mort celui qui volerait du vin en plus que sa ration quotidienne, et, dans la même journée, cette peine rigoureuse fut appliquée à deux soldats que l'on surprit buvant à la barrique avec un chalumeau. Le soir, Coudein eut la douleur de voir son jeune mousse s'éteindre d'épuisement.

Il ne restait plus que vingt-six hommes et la cantinière. Dans ce nombre, quinze seulement paraissaient avoir assez de force pour exister encore quelques jours ; tous les autres, couverts de larges blessures, avaient presque entièrement perdu la raison. Cependant, comme ils avaient part aux distributions, et pouvaient, avant leur mort, consommer trente ou quarante bouteilles du liquide qui était d'un prix inestimable pour tout le monde, on dut délibérer. On tint un Conseil, présidé par le plus affreux désespoir, et, après qu'on eut observé que mettre les malades à la demi-ration, c'était leur appliquer une mort immédiate, il fut décidé, à la majorité des voix, qu'on les jetterait à la mer, afin de procurer aux autres l'assurance de six jours de vin à deux quarts de litre par journée et par tête.

Mais qui allait être chargé d'exécuter la monstrueuse sentence? Quoique l'habitude du péril eût endurci les cœurs, devenus insensibles à tout autre sentiment qu'à celui de leur propre conservation, chacun redoutait de prendre part à cet office de bourreau. Trois matelots et un soldat consentirent enfin à procéder à cette cruelle exécution. Tous détournèrent les yeux et versèrent des larmes de sang sur le sort de ces malheureux sacrifiés pour le bien général. Parmi eux se trouvaient la cantinière et son mari. Tous deux avaient été gravement blessés dans les différents combats; la femme avait eu la cuisse cassée entre les charpentes du radeau, et un coup de sabre avait fait au mari une profonde blessure à la tête. Pendant vingt ans, cette femme s'était associée aux glorieuses fatigues de nos armées, avait porté à nos braves compatriotes, sur les champs de bataille, des secours et des consolations, et elle périssait, au milieu des siens et par la main des Français, qui lui donnaient, encore vivante, la mer pour tombeau. Au récit d'un tel fait, on a besoin d'apprendre que cet horrible expédient sauva les quinze infortunés qui restaient.

Les derniers jours s'accomplirent dans des alternatives continuelles d'espérances et d'angoisses. Tantôt un papillon ou un goëland annonçaient le voisinage de la terre et faisaient battre les cœurs; tantôt les ardents rayons du soleil africain redoublaient les tourments d'une soif que rien ne pouvait éteindre. La paix ne fut plus troublée qu'une fois, à propos d'un petit citron et d'un sac rempli de goûsses d'ail que deux hommes avaient trouvé sur le radeau; on se disputa ces trésors avec une énergie qui tenait de la férocité. A la suite de l'épuisement excessif qui suivit cette dernière dépense de forces physiques et morales, un effet singulier se produisit chez plusieurs des naufragés. Une sorte d'extase s'empara d'eux; ils croyaient aborder sur une terre enchantée, marcher au milieu des fleurs, s'asseoir à de splendides festins, et s'abandonnaient à la joie la plus délirante. D'autres, criaient qu'ils apercevaient un navire, voulaient aller le rejoindre en sautant par dessus le bord du radeau : il fallait mille efforts pour les empêcher de se précipiter dans les flots. Quand le calme fut rétabli, on essaya de tenir conversation, aux heures où on était le moins abattu; on se rappelait la patrie, cette belle France qui, depuis la Révolution, avait traversé de si terribles épreuves. Le sergent Lavillette racontait ses campagnes et, parfois, le caractère national reprenait le dessus. Dans la journée du 16, on construisit, avec des morceaux de bois, un petit radeau qu'on espérait pouvoir diriger plus facilement que le grand, mais on renonça à ce moyen de salut, un matelot ayant fait chavirer la construction.

Les naufragés, le 17 au matin, sortaient de l'assoupissement qui, depuis douze nuits, remplaçait le sommeil. Quelques-uns adressaient au ciel leurs prières, lorsqu'un capitaine d'infanterie jeta un grand cri, en montrant du doigt une voile qui apparaissait à l'horizon.

Cette fois, ce n'était pas un effet de mirage. Mais le navire s'éloignait-il ou se rapprochait-il du radeau? L'allégresse, malgré ce doute, fut excessive; chacun s'ingénia à trouver divers modes de signaux; on pria, on chanta, on appela, on cria, on hurla.... vaines tentatives! Au bout d'une heure, le bâtiment avait disparu... l'espoir était déjoué.

Le plus sombre abattement succéda à toute cette joie. Les malheureux, couchés sous une tente qui les

préservait du soleil, parlaient de graver leurs noms
sur un mât pour transmettre à leurs familles la con-
naissance de leur triste fin. Tout à coup, un maître-
canonnier, qui était sorti de la tente, y rentra, res-
pirant à peine, les yeux brillants d'une suprême béa-
titude : « Sauvés ! » s'écria-t-il, « le navire arrive
sur nous ! » On se précipita hors de la tente et l'on
aperçut, en effet, un brick qui, encore à près
d'une demi-lieue, gouvernait en droite ligne sur le
radeau.

C'était le salut qui s'approchait ; c'était le brick
l'*Argus* qui venait arracher à la mort ses compatriotes survivants, dont voici les noms : MM. Dupont,
capitaine d'infanterie ; Lheureux, lieutenant d'infanterie ; Lozack, sous-lieutenant ; Clairet, sous-lieutenant ; Griffon du Bellay, commis de marine ; Coudein,
aspirant de 1re classe ; Charlot, sergent-major ;
Courtade, maître-canonnier ; Lavillette, chef d'atelier ; Coste, matelot ; Thomas, pilotin ; François,
infirmier ; Jean Charles, soldat noir ; Corréard, ingénieur géographe, et Savigny, chirurgien (1).

Peu de mois après, M. de Chaumareys, traduit à
Rochefort devant un Conseil de guerre, fut déclaré

---

(1) Nous pensons que le seul survivant aujourd'hui de ce grand dé-
sastre, est M. Griffon du Bellay, qui habite Rochefort.

(*Note du Rédacteur en chef.*)

convaincu d'avoir forfait à l'honneur, condamné à trois ans de prison et dégradé. Daniel Coudein, commandant du radeau, après avoir raconté comment la machine avait été abandonnée par les canots remorqueurs, demanda la permission de s'en référer simplement, pour les autres détails, au contenu du rapport qu'il avait adressé au ministre de la Marine, et qui, d'ailleurs, était très-succinct et incomplet.

Comme la plupart de ses compagnons, il éprouva toujours la plus vive répugnance à faire le récit des souffrances qu'il avait endurées sur le radeau, et lorsque des indiscrets poussaient trop loin les interrogations ou les allusions au sujet de cet événement, son visage, d'ordinaire ouvert et riant, se voilait de tristesse. Une nuit, cependant, et par extraordinaire, un de ses amis, qui ne songe jamais à cet instant sans épouvante, l'entendit, pendant deux heures, narrer à grands traits ces émouvantes péripéties.

Notre grand Géricault, enlevé si prématurément à l'art dont il serait devenu l'orgueil, a peint un tableau représentant la scène où les quinze naufragés font des signaux au brick l'*Argus.* Le soldat noir, monté sur une barrique, agite dans l'air un lambeau d'étoffe, et ses compagnons, déguenillés, blessés, hâves, décharnés, vrais squelettes ambulants, groupés autour de lui, guettent l'effet que produira cet appel de détresse. Des cadavres, couverts à moitié par de la toile à voile, gisent sur les bords du radeau. Cette magnifique peinture est un des plus beaux ornements du Musée impérial du Louvre. Le sculpteur Étex l'a traduit en bas-relief qui a été fondu en bronze. MM. Corréard et Savigny ont publié une *Relation du naufrage de la frégate la* MÉDUSE, contenant de grands détails sur l'épisode du radeau, illustré par le talent de Géricault.

A son retour en France, Coudein fut nommé enseigne. Devenu lieutenant de vaisseau en 1826 et capitaine de corvette en 1827, il assista à la prise d'Alger et à la prise d'Anvers, et n'atteignit qu'en 1848 le grade de capitaine de vaisseau, que lui méritaient si bien ses qualités et ses services.

Appelé prématurément à la retraite en 1852, alors qu'il remplissait les fonctions de major-général de la Marine au port de Rochefort, il se retira à La Tremblade, son bourg natal, au milieu de sa famille, dont la mort avait fatalement éclairci les rangs, mais au sein des débris de laquelle il goûtait encore les plus douces joies, quand vint sonner sa dernière heure, le 16 octobre 1857.

Daniel Coudein était un noble cœur, un bon et brave officier; il laisse d'unanimes regrets parmi ses concitoyens et dans la Marine française.

Le journal les *Tablettes des Deux-Charentes*, du 21 octobre 1857, et le *Courrier de Paris*, du 14 janvier 1858, ont consacré à sa mémoire deux articles, d'après lesquels le nôtre a été rédigé. Le second, dû à la plume de M. Jules Marchesseau, est surtout remarquable.

E. DE SAINT-MAURICE CABANY,
Rédacteur en chef du *Nécrologe universel*, Directeur-général de la Société impériale des Archivistes de France.

Paris. — Imp. de L. TINTERLIN et Cᵒ, rue Neuve-des-Bons-Enfants, 3.

MUSÉE BIOGRAPHIQUE

DÉLIVRÉ GRATUITEMENT

AUX BIBLIOTHÈQUES PUBLIQUES DE FRANCE ET DE L'ÉTRANGER

Rédigé par une Société de gens de lettres, d'historiens et de savants,

Sous la direction de **E. DE SAINT-MAURICE CABANY**, Rédacteur en chef,

Directeur général perpétuel de la Société Impériale des Archivistes de France et des Archives générales de la Noblesse,

Membre de plusieurs Académies et Sociétés savantes, artistiques et littéraires, etc.

L'Administration du MUSÉE BIOGRAPHIQUE, fondée depuis 1845, s'occupe : de la rédaction, de l'impression et de la publication des articles biographiques sur tous les personnages marquants français ou étrangers, et des notices nécrologiques, généalogiques et historiques sur tous les personnages notables morts dans le courant du XIXᵉ siècle, des recherches généalogiques sur les anciennes familles nobles, de la rédaction des généalogies, arbres généalogiques et des certificats de noblesse, manuscrits ou calligraphiés, sur parchemin et sur papier ; de la gravure des portraits et des armoiries, ainsi que de la peinture et du coloriage des écussons d'armoiries en or, argent et couleur. — Des traducteurs pour toutes les langues étrangères sont attachés à l'Administration.

LE MUSÉE BIOGRAPHIQUE se compose des quatre ouvrages suivants :

1° LA GALERIE NATIONALE DES NOTABILITÉS CONTEMPORAINES DE LA FRANCE, *Annales biographiques des principaux Fonctionnaires, des Sénateurs, membres du Corps législatif, Conseillers d'État, anciens Pairs, anciens Députés et anciens Représentants, Diplomates, Magistrats, des membres du Clergé, de l'Administration et des Finances, des Maréchaux, Généraux, Amiraux et Officiers supérieurs de l'Armée et de la Marine, et des Savants, Littérateurs, Artistes et Industriels distingués,* publié en 50 vol. gr. in-8°, avec portraits et armoiries, et suivie d'un volume contenant la *Table générale* de tous les articles insérés dans le recueil. Le prix de chaque volume est de 15 fr. — Les 1ᵉʳ, 2ᵉ et 3ᵉ volumes sont en vente. (Le 4ᵉ paraîtra incessamment.

2° LA GALERIE DES NOTABILITÉS CONTEMPORAINES ÉTRANGÈRES, *Annales biographiques du XIXᵉ siècle,* publiée en 50 vol. grand in-8°, et suivie d'un volume contenant la table générale de tous les articles insérés dans le recueil.

3° LE NÉCROLOGE UNIVERSEL DU XIXᵉ SIÈCLE, *Annales nécrologiques et biographiques des Notabilités contemporaines de la France et de l'Étranger ;* Revue historique, nobiliaire, généalogique, politique, parlementaire, diplomatique, militaire, maritime, administrative, judiciaire, juridique, universitaire, religieuse, scientifique, commerciale, agronomique, industrielle, manufacturière, artistique, dramatique et littéraire ; publiée en 50 volumes grand in-8°, ornés de gravures, lettres ornées, écussons d'armoiries et de portraits, et suivie d'un volume contenant la table générale de tous les articles insérés dans le recueil.

Le prix de chaque volume est de 15 fr. — Dix volumes sont en vente, et forment la première série. — Le onzième paraîtra incessamment. — (Ajouter 2 fr. pour l'affranchissement et le port des volumes par la poste.)

4° ARCHIVES GÉNÉRALES DE LA NOBLESSE DE TOUTES LES NATIONS, *Annales héraldiques, généalogiques, historiques et biographiques des Maisons régnantes, souveraines et princières, et des Familles et Personnages remarquables,* publiées en 40 volumes grand in-4°, papier extra-fin, double force, glacé, illustrées de frontispices, têtes de pages, lettres fleuronnées, vignettes, armoiries et culs-de-lampes, paysages, monuments, châteaux, portraits, supérieurement gravés sur bois par les plus habiles artistes.

Un splendide *prospectus* de cet ouvrage se délivre à l'Administration, au prix de 1 fr. l'exemplaire. — On délivre des extraits, ou exemplaires particuliers, des articles insérés dans le *Musée biographique.*

Administration et Bureaux : à Paris, rue Fontaine-Saint-Georges, 25,

L'Administration n'ayant aucune succursale, les familles françaises et étrangères sont priées de n'adresser qu'à M. E. DE SAINT-MAURICE CABANY, *Directeur général du* MUSÉE BIOGRAPHIQUE, rue Fontaine-St-Georges, 25, à Paris, toutes les lettres, demandes, documents, matériaux, notes, manuscrits, renseignements, envois, souscriptions et payements relatifs à l'administration du *Nécrologe universel* (seul ouvrage de ce genre qui existe en Europe) ainsi qu'à l'insertion et à la publication dans les volumes de cet important recueil, des articles biographiques et nécrologiques, généalogiques ou historiques, et des éloges funèbres consacrés à la mémoire des hommes notables, morts dans le courant du XIXᵉ siècle ou qui décèdent chaque jour.